POUR LES ÉTRENNES 1898

GUIDE ILLUSTRÉ

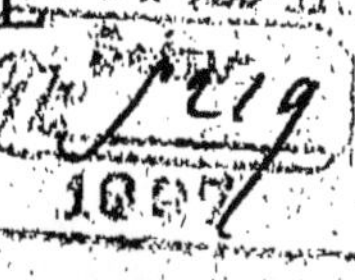

De la Madeleine
à la Porte-St-Denis !!!

LES GRANDS BOULEVARDS

Les grandes Voies et Avenues adjacentes

LEURS GRANDS MAGASINS, CAFÉS ET RESTAURANTS

A l'usage des Visiteurs-Touristes envahissant Paris

POUR

LES FÊTES DE FIN D'ANNÉE ET DU JOUR DE L'AN 1898

DISTRIBUÉ GRATUITEMENT

Dans tous les grands Cercles, Cafés, Restaurants et les Kiosques

ÉDITÉ PAR LA

CHRONIQUE DE PARIS

12, rue de la Grange-Batelière, 12

EN VENTE : 10 Centimes

GUIDE ILLUSTRÉ

De la Madeleine
à la Porte-St-Denis !!!

Être utile à l'acheteur ainsi qu'au négociant est la mission de tout honnête organe.

La CHRONIQUE DE PARIS est persuadée qu'il est quelquefois dangereux d'aller au hasard...

Pour éviter ces inconvénients, son devoir était tout tracé : relever les maisons de confiance, les grouper et les offrir aux voyageurs à leur débarquement.

Voilà la raison de notre gratuité.

L'Éditeur

✠ Mme LION ✠

19, Boulevard de la Madeleine, 19

Exposition
de Fleurs

Les fleurs les plus rares et toujours primées sont offertes aux yeux éblouis des visiteurs.

Mme LION, malgré une concurrence effrénée, reste toujours la fleuriste du High-Life.

Les nouveaux Salons de Mme LION font prime.

LA

BELLE MEUNIÈRE

RESTAURANT

4, RUE DE LA CHAUSSÉE-D'ANTIN

***

C'est Luxueux!

Tout y est bon!!

Le service parfait...

Et pas trop cher

LE CRIME
Mlle LILI, Mr LOLO
ET
LA MÉCHANTE TATA
OU
L'HISTOIRE D'UN CRIME
1895
LA NOËL
ET
LE JOUR DE L'AN
1896
CÉCILE D'YRVILLE
Dédiée aux jolies Bébés, bien sages

PETITE BIBLIOTHÈQUE ROSE

DE

MME CÉCILE D'YRVILLE

Rédacteur en Chef de la « Chronique de Paris »

HISTOIRE DE LA POUPÉE
65ᵉ mille

La Poulette aux Œufs d'Or
40ᵉ mille

LES TRIBULATIONS DE M. POLICHINELLE
40ᵉ mille

Mlle Lili, M. Lolo et la méchante Tata
OU L'HISTOIRE D'UN CRIME
18ᵉ mille

LA PETITE ARCHIDUCHESSE OLGA
70ᵉ mille

BÉBÉ JUMEAU
H. Siméon

RESTAURANT NOTTA

2, Boulevard Poissonnière, 2

RESTAURANT

DE

Ier ORDRE

SOCIÉTÉ ANONYME DE L'IMPRIMERIE KUGELMANN

(G. Balitout, directeur)

12, rue de la Grange-Batelière, Paris.

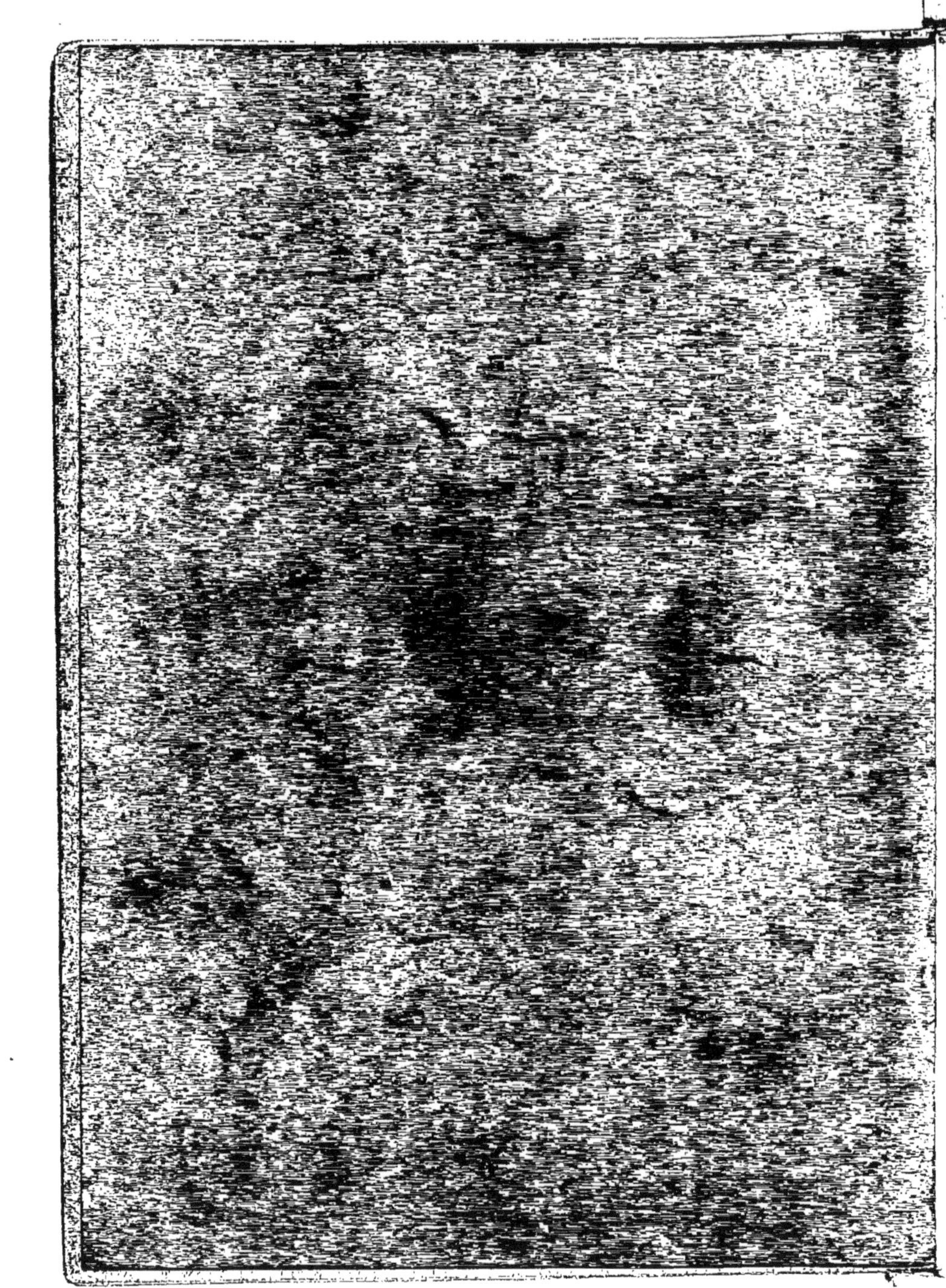